TROISIÈME CONGRÈS

DES GROUPES DE

JEUNESSE ROYALISTE

DE FRANCE

Toulouse 19 - 22 Mars 1896

SOUS-COMMISSION DES ÉTUDES SOCIALES

PARIS

IMPRIMERIE GUSTAVE PICQUOIN

53, RUE DE LILLE, 53

TROISIÈME CONGRÈS

DES GROUPES DE

JEUNESSE ROYALISTE

DE FRANCE

TROISIÈME CONGRÈS

DES GROUPES DE

JEUNESSE ROYALISTE

 DE FRANCE

Toulouse 19 - 22 Mars 1896

SOUS-COMMISSION DES ÉTUDES SOCIALES

PARIS

IMPRIMERIE GUSTAVE PICQUOIN

53, RUE DE LILLE, 53

Dans l'intérêt de la méthode à apporter dans des débats relatifs à des questions particulièrement complexes et délicates, le Président de la Sous-Commission des études sociales croit devoir remettre par avance aux membres du Congrès, un programme détaillé, élaboré par M. Heurtaux Varsavaux, rapporteur. Ce programme pourrait, s'il est approuvé, servir de guide aux travaux de la réunion. On y a ajouté quelques documents dont l'intérêt n'échappera à personne et qui sont revêtus d'un caractère en quelque sorte officiel.

Les indications bibliographiques qui suivent sont extraites pour la plupart du **Programme de Conférences** élaboré, en *1891*, par une Commission instituée par **Monsieur le Comte de Paris.**

EUGÈNE GODEFROY.

I

PROGRAMME

1° **Notions préliminaires.**

I. — De l'individualisme

Sa base. Idée juste des droits individuels, mais réaction excessive contre toute organisation collective. Le socialisme est une conséquence des excès de l'individualisme.

L'individualisme est inefficace, parce qu'il est la cause économique du mal social présent. Il est injuste parce qu'il nie certains droits naturels et qu'il refuse à l'Etat le droit de protéger les faibles quand ils ne peuvent le faire eux-mêmes en s'associant. Il est illogique, parce qu'après avoir proclamé les droits de l'individu, il en entrave l'extension et l'exercice légitime.

Nous avons à rechercher comment l'extension et l'exercice légitime de ces droits peuvent être un remède au mal social. C'est la partie positive de notre doctrine qui se résume dans la pratique de l'association et de la décentralisation.

II. — Du socialisme

Caractère commun des systèmes socialistes. Les solutions communément appelées socialistes se ramènent à deux idées :

Réglementation excessive de l'Etat ;

Attaque à la propriété privée.

Essayer de les synthétiser dans une formule qui en dégage le caractère commun et permette de classer les solutions sociales proposées.

De la définition acceptée résulteront l'injustice et l'inefficacité du système. Pourquoi nous ne sommes pas socialistes

2° De l'association.

I. — Légitimité du droit d'association. Etude juridique. Ses limites. Loi de 1884, ses modifications

Principes juridiques du droit de fondation.

Combinaison de ces deux droits dans les applications qui vont suivre.

II. — De l'association professionnelle

§ 1. *De l'association professionnelle au point de vue économique et de la réglementation.*

Résultats obtenus par les unions anglaises. Réglementation des heures de travail, des salaires, de l'apprentissage, etc.

Tentatives des syndicats ouvriers en France. Syndicats de patrons.

Secours que doit leur apporter la législation. Conseils d'arbitrage et de conciliation.

L'Etat n'intervient que pour fixer des limites générales réglées par son devoir de protection des faibles.

Par ce premier point de vue, nous répondons au socialisme sur le terrain de la réglementation.

§ 2. *De l'association professionnelle au point de vue social et de la propriété collective.*

Caisses de retraites, d'accidents, de chômage, organisées corporativement et librement.

Ecoles professionnelles.

Mainmorte ouvrière.

Coopération de production.

Caractère *sui generis* des associations agricoles.

Secours que doit apporter la législation. Limites de la participation financière du pouvoir.

Par ce second point de vue, nous répondons au socialisme sur le terrain de la propriété.

III. — Des associations qui n'ont pas nécessairement un caractère professionnel

Sociétés de consommation.

Sociétés d'habitation.

Crédit populaire.

Caisses d'épargne. – Liberté de leur gestion.

Fondations de bienfaisance. Hospices. L'Assistance publique prend un caractère privé.

Limitation du rôle des pouvoirs publics dans ces gestions. Ces institutions devraient le plus souvent être libres.

Concours législatif et financier du pouvoir à ces institutions.

IV. — DES ASSOCIATIONS RELIGIEUSES ET CONGRÉGATIONS

Convient-il de les soumettre simplement au droit commun ou d'en faire une matière concordataire?

3° De la décentralisation.

I. — DES DEUX FORMES DE LA DÉCENTRALISATION

a) Transport de certains attributs du pouvoir central aux pouvoirs sociaux. C'est toujours le pouvoir politique qui gère et décide.

b) Transport de certains attributs du pouvoir aux corps spontanés et libres. Quand il est possible, ce mode doit être préféré, car il assure mieux la liberté.

Le pouvoir politique local doit se rapprocher le plus possible par sa formation, son objet, sa gestion, son recrutement, de l'association libre.

II. — DE LA COMMUNE

Convient-il que les associations aient une représentation légale dans la gestion des intérêts communaux et dans les conseils? A quelles conditions?

Faut-il adjoindre les plus imposés?

Distinction des fonctions du maire en tant que représentant de la commune et en tant qu'agent du pouvoir central.

La commune peut en tous cas se décharger largement de certains services sur des associations et des fondations libres.

Assistance publique. — Décentralisation de l'instruction primaire.

Allègement des services du conseil municipal et du budget municipal.

III. — DU DÉPARTEMENT ET DE LA PROVINCE

Les associations doivent-elles avoir une représentation spéciale dans les conseils du département? A quelles conditions?

La propriété immobilière doit-elle y avoir une représentation spéciale?

Certains services peuvent être remis à des associations et à des fondations. — Aliénés. — Enfants assistés.

IV. — De l'Etat

Convient-il de modifier la base de l'électorat politique et d'y introduire le principe corporatif?

La représentation rationnelle des intérêts ne consisterait-elle pas plutôt à demander obligatoirement l'avis des Chambres de commerce, d'agriculture, de travail, régulièrement constituées, dans les mesures législatives qui intéressent respectivement leur ressort?

Rôle de la Société des Agriculteurs de France dans la question douanière.

— Décentralisation des travaux publics par le concours des Chambres de commerce. — Discours de M. Le Cour dans la discussion du budget de 1890.

Régime des chemins de fer. Allègement des dépenses du budget.

— Décentralisation de l'instruction. — Organisation des Universités.

II

DOCUMENTS

___

Lettre de Monsieur le Comte de Chambord à M. X... sur la décentralisation et les associations ouvrières

12 juin 1855.

J'ai reçu exactement, Monsieur, les communications successives que vous m'avez fait parvenir. Elles m'ont prouvé encore plus combien j'avais eu raison d'attacher toujours une grande importance aux graves et intéressantes questions qu'elles signalent à ma sollicitude.

La question de la décentralisation administrative n'est pas nouvelle pour moi. Elle est depuis longtemps le sujet de mes préoccupations les plus sérieuses comme de celles de mes amis. Les convictions à cet égard sont arrivées à ce point de maturité, que les esprits qui, d'abord, y étaient le plus opposés, reconnaissent aujourd'hui la nécessité de modifications, dans lesquelles la centralisation du pouvoir qu'il serait dangereux d'affaiblir, trouverait elle-même de précieux avantages.

Vous savez ce que je pense de la liberté individuelle et des garanties que le sentiment public réclame contre l'arbitraire. C'est surtout dans le respect des lois, dans l'honnêteté et la moralité des dépositaires du pouvoir, que sont les véritables et les plus sûres garanties de ce droit essentiel ainsi que de tous les autres.

Le système actuel de recrutement pèse trop inégalement sur la population, et il me paraît susceptible d'être pareillement amélioré. Le problème à résoudre est de ne porter aucune atteinte à la force militaire de la France, tout en accordant aux classes pauvres la faculté de s'exempter du service moyennant un sacrifice en rapport avec les ressources que leur procure leur travail. En temps de paix c'est facile ; en temps de guerre, ce n'est peut-être pas impossible, et rien ne sera épargné pour atteindre ce but. D'ailleurs, avec des cœurs français, lorsque la patrie est en danger, ce n'est pas seulement sur une partie de ses enfants, c'est sur tous, c'est sur la nation entière qu'elle peut compter pour sa défense.

Quant aux associations ouvrières, elles ont pris, depuis plusieurs années, un développement qui n'a point échappé à mon attention En se formant dans des idées d'ordre, de moralité, d'assistance mutuelle, en régularisant leur existence sous l'autorité tutélaire des lois, et en évitant, avec les abus du monopole qui, à une autre époque amenèrent la suppression des anciens corps de métiers, tout ce qui pourrait en faire des instruments de troubles et de révolutions, ces associations constitueront de plus en plus des intérêts collectifs sérieux qui auront naturellement droit à être représentés et entendus pour pouvoir être efficacement protégés. Du reste, ces intérêts et toutes les questions qui s'y rapportent ont été, dans tous les temps, mes amis le savent bien, l'un des principaux objets de mes méditations, et vous ne pouvez douter que mes plus vives sympathies ne soient acquises d'avance à tout ce qui tendra à l'amélioration du sort des classes laborieuses.

Sur ces divers points, et sur la plupart de ceux dont votre dévoûment vous a fait accepter la mission de m'entretenir, je crois que, malgré les difficultés inhérentes à des questions si délicates, des solutions sages et raisonnables sont possibles. Les chercher et les trouver est le but constant de mes efforts, et avec l'aide du Ciel comme avec le concours de tous les bons esprits et de tous les nobles cœurs, je ne désespère pas d'y réussir.

Je vous remercie, Monsieur, de tout ce que vous ne cessez de faire dans cette voie pour la grande et sainte cause que nous servons, et je vous renouvelle en même temps l'assurance de mon affection bien sincère.

Lettre de Monsieur le Comte de Chambord
sur les ouvriers.

20 avril 1865.

L'opinion publique a le pressentiment d'une crise prochaine. Les ouvriers le partagent, et l'expression de leurs vœux, après l'exposition de Londres, suffit pour nous en convaincre.

Il m'a donc semblé que le moment était venu de leur montrer

que nous nous occupons de leurs intérêts, que nous connaissons leurs besoins, et que nous avons à cœur d'améliorer, autant qu'il est en nous, leur situation.

En conséquence, j'ai pensé qu'il était utile d'appeler l'attention et la sollicitude de nos amis sur cette grave question. Essayons ici, après avoir signalé le mal, d'en indiquer le remède.

1º La royauté a toujours été la patronne des classes ouvrières. Les *établissements* de Saint-Louis, les *règlements* des métiers, le système des *corporations*, en sont des preuves manifestes. C'est sous cette égide que l'industrie française a grandi et qu'elle est parvenue à un degré de prospérité et de juste renommée qui, en 1789, ne l'a laissée inférieure à aucune autre.

Qu'avec le temps et à la longue les institutions aient dégénéré; que des abus s'y soient introduits, c'est ce que personne ne conteste.

Louis XVI, un de nos rois qui ont le plus aimé le peuple, avait porté ses vues sur les améliorations nécessaires; mais les économistes qu'il consulta servirent mal ses paternelles intentions, et tous leurs plans échouèrent. L'Assemblée constituante ne se contenta pas, ainsi que l'avaient demandé les cahiers, de donner plus de liberté à l'industrie, au commerce et au travail; elle renversa toutes les barrières, et au lieu de dégager les associations des entraves qui les gênaient, elle prohiba jusqu'au droit de réunion et à la faculté de concert et d'entente. Les *jurandes* et les *maîtrises* disparurent. La liberté du travail fut proclamée, mais la liberté d'association fut détruite du même coup. De là cet individualisme dont l'ouvrier est encore aujourd'hui la victime. Condamné à être seul, la loi le frappe s'il veut s'entendre avec ses compagnons, s'il veut former pour se défendre, pour se protéger, *pour se faire représenter*, une de ces unions qui sont de droit naturel, que commande la force des choses et que la société devrait encourager en les réglant.

Aussi cet isolement contre nature n'a pu durer. Malgré les lois, des *associations*, des *compagnonnages*, des *corporations* se sont ou rétablies ou maintenues. On les a poursuivies, on n'a pu les anéantir. On n'a réussi qu'à les forcer à se réfugier dans l'ombre du mystère, et l'individualisme proscrit a produit les sociétés secrètes, double péril dont soixante ans d'expérience ont révélé toute l'étendue.

L'individu, demeuré sans bouclier pour ses intérêts, a été de plus livré en proie à une concurrence sans limites, contre laquelle il n'a eu d'autre ressource que la *coalition* et les *grèves*. Jusqu'à l'année dernière, ces coalitions étaient passibles de peines sévères, qui tombaient la plupart du temps sur les ouvriers les plus capables et les plus honnêtes, que la confiance de leurs camarades avait choisis comme chefs ou comme mandataires. C'était un tort, on crut le faire cesser en autorisant légalement la *coalition*, qui, de délit qu'elle était la veille, est devenue le lendemain un *droit* : faute d'autant plus grave qu'on a oublié d'ajouter à ce droit ce qui aurait servi à en éclairer la pratique.

En même temps se constituait par le développement de la prospérité publique une espèce de *privilège industriel* qui, tenant dans ses mains l'existence des ouvriers, se trouvait investi d'une sorte de domination qui pouvait devenir oppressive et amener par contrecoup des crises funestes. Il est juste de reconnaître qu'il n'en a pas abusé autant qu'il l'aurait pu. Mais malgré la généreuse bienveillance d'un grand nombre de chefs d'industrie et le zèle dévoué de beaucoup de nobles cœurs, malgré la création des sociétés de *secours mutuels*, des *caisses de secours*, des *caisses d'épargne*, des *caisses de retraite*, des œuvres pour le logement, pour le service des malades, pour l'établissement des écoles dans les manufactures, pour la moralisation des divertissements, pour la réforme du *compagnonnage*, pour les soins aux infirmes, aux orphelins, aux vieillards, malgré tous les efforts de cette charité chrétienne qui est particulièrement l'honneur de notre France, la *protection* n'est pas encore suffisamment exercée partout et les intérêts moraux et matériels des classes ouvrières sont grandement en souffrance.

Voilà le mal tel qu'une rapide et incomplète esquisse peut en donner l'idée. Il est évidemment une menace pour l'ordre public. Aussi convient-il avant tout de l'examiner avec la plus sérieuse attention.

2º Quant aux remèdes, voici ceux que les principes et l'expérience paraissent indiquer :

A l'individualisme opposer l'association, à la concurrence effrénée le contrepoids de la défense commune, au privilège industriel la constitution volontaire et réglée des corporations libres.

Il faut rendre aux ouvriers le droit de se concerter, en conciliant ce droit avec les impérieuses nécessités de la paix publique, de la concorde entre les citoyens et du respect des droits de tous. Le seul moyen d'y parvenir est la liberté d'association sagement réglée, et renfermée dans de justes bornes. Or, il est à remarquer que c'est là précisément la demande instante par laquelle se terminent les vœux de tous les délégués à l'Exposition de Londres.

Ce ne sera du reste que la régularisation légale d'une situation qui, à propos de cette Exposition, s'est révélée tout à coup, à la grande surprise de l'administration alarmée. Car on a bien été obligé de reconnaître alors que, par le fait, malgré la législation et contre elle, ces associations existaient déjà, qu'elles s'étaient reformées à l'abri du secret et en dehors de toute garantie. Les rapports des délégués ont été publiés, et ils concluent tous à la constitution libre des associations et des syndicats. La couleur dont ces rapports sont parfois empreints, est une raison de plus pour qu'on s'en occupe, qu'on s'en inquiète, et qu'on cherche à dégager ce qu'ils ont de faux et de pernicieux, ce qu'ils peuvent avoir de juste et de vrai.

En un mot, ce qui est démontré, c'est la nécessité d'associations volontaires et libres des ouvriers pour la défense de leurs intérêts communs. Dès lors, il est naturel que dans ces associations, il se forme sous un nom quelconque des *syndicats*, des *délégations*, des *représentations* qui puissent entrer en relation avec les patrons ou syndicats de patrons pour régler à l'amiable les différends relatifs aux conditions du travail, et notamment au salaire. Ici la communauté d'intérêts entre les patrons et les ouvriers sera une cause de concorde, et non d'antagonisme. La paix et l'ordre sortiront de ces délibérations, où, selon la raison et l'expérience, figureront les mandataires les plus capables et les plus conciliants des deux côtés. Une équitable satisfaction sera ainsi accordée aux ouvriers; les abus de la concurrence seront évités autant que possible, et la domination du privilège industriel resserrée en d'étroites limites.

L'autorité publique n'aura rien à craindre, car en sauvegardant les droits d'autrui, loin d'abandonner les siens, elle en maintiendra au contraire l'exercice avec la haute influence, comme avec les moyens de force et de précautions qui lui appartiennent. Toute réunion devra être accessible aux agents du pouvoir. Aucune ne se tiendra sans une déclaration préalable, et sans que l'autorité, si elle le juge à propos, ait la faculté d'être présente. Les règlements devront lui être communiqués, et elle aura soin que jamais le but et l'objet des réunions ne puissent être ni méconnus, ni dépassés. Laissant une entière liberté aux débats et aux transactions, elle n'interviendra qu'amiablement, et à la demande des deux parties, pour faciliter leur accord. Elle sera toujours en mesure de réprimer sévèrement les troubles, les manœuvres et les désordres. Des commissions mixtes, des syndicats de patrons et d'ouvriers pourront se rassembler sous son égide pour entretenir les bons rapports, et prévenir ou vider les différends.

Enfin, l'intervention généreuse des particuliers devra être admise pour venir en aide aux ouvriers et pour exercer à leur égard, en toute indépendance, et avec la pleine liberté du bien, les ministères de protection et de charité chrétienne, mentionnés plus haut.

En résumé, droit d'association sous la surveillance de l'Etat et avec le concours de cette multitude d'œuvres admirables, fruit précieux des vertus évangéliques, tels sont les principes qui semblent devoir servir efficacement à délier le nœud si compliqué de la question ouvrière.

Qui ne voit d'ailleurs que la constitution volontaire et réglée des corporations libres deviendrait un des éléments les plus puissants de l'ordre et de l'harmonie sociales, que ces corporations pourraient entrer dans l'organisation de la commune et dans les bases de l'électorat et du suffrage ? Considérations qui touchent un des points les plus graves de la politique de l'avenir.

En présence surtout des difficultés actuelles, ne semble-t-il pas que, fidèle à toutes les traditions de son glorieux passé, la royauté vraiment chrétienne et vraiment française doive faire aujourd'hui pour l'émancipation et la prospérité morale et matérielle des classes ouvrières, ce qu'elle a fait en d'autres temps pour l'affranchissement des communes. N'est-ce pas à elle qu'il appartient d'appeler le peuple du travail à jouir de la liberté et de la paix, sous la garantie nécessaire de l'autorité, sous la tutelle spontanée du dévouement et sous les auspices de la charité chrétienne ?

(Extrait de la _Jeunesse Royaliste_ du 1ᵉʳ février 1896.)

Extrait des instructions adressées en septembre 1887 par Monsieur le Comte de Paris aux représentants du parti monarchique en France.

. . . .

Les Constitutions ne valent que par l'esprit dans lequel elles sont appliquées. La France le sait bien. Il importe donc, avant tout, de la convaincre que la Monarchie nouvelle saura satisfaire à la fois ses besoins conservateurs et sa passion de l'égalité.

La Monarchie accordera à tous les cultes la protection qu'un gouvernement éclairé doit aux croyances qui consolent l'âme humaine des misères terrestres, élèvent les cœurs et fortifient les courages. Elle garantira au clergé le respect qui lui est dû pour l'accomplissement de sa mission. En restituant aux communes, dans le domaine des choses scolaires, l'indépendance qu'une législation tyrannique leur a ravie, elle rendra à la France la liberté de l'éducation chrétienne. Elle assurera aux associations religieuses, comme aux autres, la liberté qui deviendra, sous certaines conditions d'ordre public, le droit commun de tous les Français, au lieu d'être, comme aujourd'hui, le privilège d'un parti. Ainsi sera rétablie la paix religieuse qu'une politique intolérante a si profondément troublée.

La Monarchie mettra les traditions militaires à l'abri des fluc-tuations de la politique en donnant à l'armée un chef incontesté et immuable. La permanence du commandement au sommet aura pour conséquence la solidité de la discipline à tous les degrés de la hiérarchie.

La stabilité de son gouvernement lui permettra de s'appliquer avec suite à l'étude des problèmes que soulève la condition de nos populations laborieuses des villes et des campagnes, de poursuivre l'amélioration de leur sort et d'adoucir leurs souffrances. Loin d'exciter les unes contre les autres les différentes classes qui con-courent à produire la richesse nationale, elle s'efforcera de les réconcilier et d'amener ainsi la pacification sociale.

Dans notre société en transformation, une courte période de seize années a vu surgir, depuis le hameau jusqu'à la capitale, ce que les républicains ont appelé « les nouvelles couches ». Des hom-mes nouveaux sont arrivés en grand nombre à conquérir une part d'influence qu'ils ne possédaient pas encore. Ils l'auraient acquise sous tout autre gouvernement, car ce progrès légitime de leur condition est le fruit des bienfaits de l'instruction et de la lente ascension qui, à travers les siècles de notre histoire, a rapproché les différentes classes de la société. Mais ils croient la devoir à la République. Ils continueront à en jouir, il faut qu'ils le sachent, sous l'égide de la Monarchie. Le maintien du suffrage universel pour toutes les fonctions actuellement électives et de la nomination des maires par les conseils municipaux dans les communes rurales sera leur principale garantie.

De même, les modestes serviteurs de l'État qui ont gagné leur situation par leur travail ne seront pas menacés, parce qu'ils la tiennent de la République. Si, d'une part, toutes les victimes de la persécution républicaine sont assurées de recevoir l'ample répa-ration qui leur est due, d'autre part, les exploiteurs et les indignes qui avilissent leurs fonctions auront seuls à redouter l'avènement d'un pouvoir honnête et juste.

La Monarchie ne sera pas la revanche d'un parti vainqueur sur un parti vaincu, le triomphe d'une classe sur une autre classe. En élevant au-dessus de toute compétition le dépositaire du pouvoir exécutif, elle fait de lui le gardien suprême de la loi devant laquelle tous seront égaux.

. . . .

Note publiée dans la « Correspondance nationale » du 18 août 1888.

LA COMMUNE LIBRE DANS L'ÉTAT LIBRE

Le développement de la vie et de l'indépendance communales est dans tous les temps, dans tous les pays, mais surtout dans une société démocratique, un gage de liberté et de stabilité. Aussi faut-il s'applaudir de voir ce développement se poursuivre chez nous à travers les brusques variations de notre existence politique.

L'appui donné pendant des siècles, avec une merveilleuse ténacité, aux communes de France est l'un des titres de gloire de notre vieille monarchie. La Monarchie moderne sera fidèle à cette tradition. Elle se souviendra qu'il n'y a pas de libertés plus précieuses que les libertés communales parce qu'elles intéressent l'universalité des citoyens, qui ont moins d'occasions d'apprécier les libertés politiques. Celles-ci d'ailleurs sont surtout nécessaires comme garanties de toutes les autres. C'est dans la commune que se fait, par un travail lent et par conséquent efficace, la véritable éducation du pays. Les expériences nécessaires à cette éducation qui sont fatales lorsqu'elles sont faites dans l'ordre politique, peuvent s'appliquer à la commune sans danger pour l'Etat. Si elles instruisent également ceux qui en souffrent et ceux qui s'en gardent, elles ont aussi l'avantage d'offrir un dérivatif à des passions qu'il est également dangereux de comprimer ou de faire refluer au centre. Plus la province sera habituée à pratiquer chaque jour les libertés locales, moins elle sera disposée à subir aveuglément, en temps de crise, la loi de la capitale.

D'autre part on peut regarder chez nous la commune comme le vrai symbole de la stabilité Elle est la plus antique, la plus immuable de nos institutions. Elle est le cadre vénérable dans lequel, malgré des siècles d'oppression, la forte race gallo-romaine a conservé son autonomie et même la propriété divisée du sol. C'est dans la commune et là seulement que les propriétaires peuvent exercer une influence puissante et utile en dehors des partis qui classent les citoyens, le jour d'un vote politique, en deux partis hostiles. Ne voit-on pas constamment une commune qui choisira toujours un républicain comme délégué sénatorial, prendre pour maire un conservateur, parce que son honnêteté inspire confiance à tous et que les finances municipales seront bien gérées par lui? Ce conservateur qui, en d'autres circonstances, aurait gaspillé son temps, son intelligence et son argent à la ville, sera par cet intérêt rattaché à sa commune rurale et un grand pas sera fait dans un petit coin de France vers le rapprochement si désirable des différentes classes sociales.

C'est grâce à la vie communale que les conservateurs qui composent la majorité de toutes ces classes, peuvent ressaisir leur légitime influence et reprendre par la base le pouvoir en France. Pour cela il faut qu'ils comprennent l'esprit de notre démocratie rurale et qu'ils cherchent à obtenir cette influence non de l'investiture d'un gouvernement ami, investiture précaire et sans prestige, mais de la confiance des électeurs de la commune.

Le principe de l'élection des maires par le Conseil municipal voté par les conservateurs de l'Assemblée Nationale, sera maintenu par la Monarchie. Le maire élu est aujourd'hui le représentant, nous dirions volontiers, le symbole de l'indépendance communale. Il faut la respecter. L'électeur municipal veut que le chef de la commune tienne de lui ses pouvoirs ; il veut pouvoir choisir à son gré celui qui tiendra l'écharpe tricolore, et prendre, s'il lui plaît, derrière le comptoir ou la charrue celui qui mariera la fille du château. Et plus d'une fois il ira chercher dans ce même château un maire qu'il n'accepterait pas sans mécontentement de la main de l'administration.

Tout retour aux anciennes pratiques serait funeste aujourd'hui. Les partisans de la nomination des maires par le pouvoir exécutif s'écrient que dans les communes où dominera l'opposition, les maires élus seront des adversaires du gouvernement usant et abusant de leurs pouvoirs pour l'embarrasser et l'entraver. Nous leur répondrons que ces taquineries ne compromettront pas la sûreté de l'Etat et qu'elles seront au contraire, dans bien des cas, d'utiles diversions. La première qualité d'un préfet est de ne pas se laisser troubler par de petites hostilités. D'ailleurs s'il nommait le maire, il ne changerait pas pour cela l'esprit de la commune. S'il était obligé de choisir dans le sein du Conseil, il serait peut-être forcé de prendre un ennemi, ou ce qui est pire encore, un maladroit ami, et, dans l'un et l'autre cas, il serait responsable de tous leurs actes. S'il n'était pas limité dans son choix, le malheureux auquel il donnerait l'écharpe serait l'ennemi né et par suite le souffre-douleurs du Conseil municipal. La lutte serait constante et l'administration, inutilement compromise tous les jours, y perdrait son prestige.

Cependant le fonctionnement de notre système communal actuel donne lieu à des abus qu'il faut corriger. Ces abus sont de trois sortes : D'abord la négligence avec laquelle un très grand nombre de maires, soit ignorance, soit mauvaise volonté, soit crainte de leurs électeurs, remplissent leurs devoirs de délégués du pouvoir central. Ensuite l'exagération des dépenses et des taxes commu-

nales votées par un conseil mandataire d'une majorité d'électeurs qui souvent ne possèdent rien ou presque rien dans la commune.

Enfin l'oppression des communes au point de vue scolaire par le pouvoir central qui leur impose d'une main le système d'éducation qu'elles condamnent, et de l'autre les constructions dispendieuses qui sont le symptôme de leur asservissement moral.

A ces abus les remèdes sont faciles. Les maires choisis par l'administration recevaient tout naturellement sa délégation. Devenus électifs, ils ne peuvent l'exercer efficacement. La police générale et toutes les opérations d'appel de mobilisation, doivent leur être retirées et confiées à un délégué cantonal, agent de l'Etat, chargé de veiller aux intérêts dont celui-ci a la garde.

Le contrôle efficace qui empêchait les folles dépenses communales se trouvait dans l'adjonction des plus imposés au conseil municipal pour le vote de toutes les contributions extraordinaires. La République a supprimé cette institution déjà ancienne et parfaitement acceptée. Il faut la rétablir et la rendre plus efficace en stipulant d'une part que les plus imposés hommes ou femmes pourront se faire représenter au conseil par des mandataires et d'autre part que leur concours sera nécessaire pour le vote de tout budget impliquant plus qu'un nombre de centimes déterminé.

Au point de vue scolaire, il faut rendre aux communes la liberté dont une République jacobine les a odieusement dépouillées; cette liberté sans laquelle les pères de famille ne peuvent plus transmettre à leurs enfants la partie la plus précieuse de leur héritage : leur foi religieuse.

On ne peut pas habiller tout le monde à la même mesure. C'est ce que le législateur a oublié en faisant une loi municipale uniforme également applicable à un village de quatre cents âmes et à une ville de quatre cent mille habitants. On peut constater aujourd'hui que plus une ville est populeuse, riche, prospère, intelligente, plus son conseil se montre violent, despotique, passionné en politique et en religion, prêt à sacrifier à des chimères dangereuses les intérêts confiés à sa garde, avide d'une malsaine popularité, indulgent pour la corruption quand il ne la pratique pas. Ces abus, ces scandales viennent de ce que les grands intérêts de nos villes sont livrés à des assemblées uniques et uniquement issues du suffrage universel direct. Dans l'Etat, le Sénat doit être le contrepoids de l'assemblée populaire ainsi formée. Dans la représentation nationale, il répond aux intérêts, aux forces sociales diverses, comme la Chambre des députés, à la loi du nombre. Dans la représentation nationale de nos villes cet élément pondérateur n'existe pas. Il faut l'y introduire. Comme un conseil municipal ne peut pas se composer de deux Chambres, il convient de réunir dans la même assemblée les deux éléments. Il convient de faire siéger dans les conseils municipaux, à côté des représentants du nombre, les représentants de la propriété foncière, de l'industrie, du commerce et ceux des situations sociales acquises par le travail et par l'intelligence.

Dans les petites villes, un système très simple, deux collèges électoraux seulement, trois dans les plus grandes, sectionnées en districts n'élisant chacun qu'un conseiller de chaque catégorie.

Dans la capitale un régime spécial, d'une part ouvrant les portes de son conseil aux hommes qui sont l'honneur de la ville de Paris et de toute la France, et d'autre part garantissant tout à la fois la ville et le pays tout entier contre le despotisme démagogique de l'Hôtel de Ville qui est devenu un vrai danger national.

Les conseils municipaux urbains ainsi constitués devront-ils, à l'exception bien entendu de Paris et de Lyon, nommer leurs maires? L'avenir en décidera. Mais pourquoi pas?

Allocution prononcée le 18 juillet 1888 à Sheen-House par Monsieur le Comte de Paris, en réponse à une adresse présentée par une délégation d'ouvriers parisiens.

Je vous remercie d'être venus me trouver dans l'exil pour me parler des ouvriers parisiens, de leurs souffrances, de leurs besoins, de leurs espérances. Vous avez raison de croire que mes regards sont tournés sans cesse vers notre patrie, que je vis par la pensée au milieu de vous, m'associant à vos souffrances, recherchant vos besoins, me préparant à réaliser vos espérances.

Vous avez longtemps fait crédit à ceux qui, vous abusant par de vaines promesses, n'ont songé qu'à satisfaire leur ambition personnelle.

Que vous ont-ils donné? Le suffrage universel. Mais il ne peut seul assurer votre indépendance et votre bonheur. Il a besoin de la liberté d'association, et, comme vous me le rappelez, cette liberté vous a été impitoyablement refusée.

Lorsque d'anciennes institutions ont disparu devant l'œuvre d'une société nouvelle, on vous a dénié les moyens de grouper vos forces pour la défense de vos intérêts. Les prescriptions rigoureuses du Code contre les associations subsistent encore aujourd'hui.

Le gouvernement actuel, il est vrai, en a proposé l'abrogation. Mais il a écarté de son projet la garantie nécessaire pour protéger l'ouvrier contre les chefs occultes qui le courbent sous la main de fer d'un despotisme anonyme : c'est-à-dire l'obligation pour toutes les sociétés de rendre publiquement compte de leur gestion financière. Néanmoins vous tirerez parti de cette loi : le succès des syndicats agricoles prouve comment les conservateurs savent employer, pour le bien général, les armes mêmes qui avaient été forgées contre eux.

Vous avez vu l'impuissance des hommes qui nous gouvernent à guérir vos maux. Vous avez compris qu'il fallait à votre pays un pouvoir assez stable pour être prévoyant, assez fort pour s'élever au-dessus des partis. Ce pouvoir saura développer le respect de la famille qui, seul, conserve les forces vives d'un peuple laborieux, et donner à vos intérêts les légitimes satisfactions que vous réclamez. Il lui faudra, sans exagérer son ingérence, encourager ou soutenir les combinaisons destinées à assurer l'ouvrier et sa famille contre la maladie, le chômage forcé, les accidents de tout genre et les misères de la vieillesse.

Vous pouvez juger de ce que sera sa sollicitude par la large part que les conservateurs, dans la Chambre actuelle, prennent à la discussion des lois touchant à ces intérêts.

Mais ni l'assurance, ni la limitation fort sage du travail des femmes et des enfants ne suffiront à soulager les souffrances de l'ouvrier des villes et des campagnes.

Il souffre parce que la prospérité nationale est profondément atteinte. La Monarchie pourra mieux que tout autre régime travailler à la relever. Sans doute, elle ne pourra pas en un jour rendre à la France cette prospérité dont elle ne possède plus que le souvenir. Mais la confiance qu'elle inspirera stimulera la reprise des affaires. Elle inspirera cette confiance non seulement à l'intérieur mais aussi à l'extérieur.

Quand l'Europe verra qu'elle ne compromet pas, comme il arrive maintenant, les intérêts les plus graves de l'industrie et de l'agriculture nationales par des calculs personnels ou par simple ignorance, elle l'écoutera davantage. Quand elle verra que la parole de la France ne risque plus d'être désavouée par un caprice des électeurs ou des élus, elle traitera avec nous les graves questions économiques et sociales qui l'intéressent tout entière si vivement.

. . . .

Cette tâche sera d'autant plus facile qu'aucun intérêt sérieux ne sépare aujourd'hui ce que l'on appelle les différentes classes de la société. Il n'y a ni barrières à rompre, ni privilèges à détruire, ni droits politiques à conquérir. Le triomphe de telle ou telle forme de gouvernement ne sera plus jamais celui d'une classe sur une autre. Aussi les esprits impartiaux reconnaissent-ils chaque jour davantage la solidarité étroite qui unit les patrons et les ouvriers.

Pourquoi faut-il que cette vérité trouve encore tant d'incrédules et que la démonstration n'en soit faite le plus souvent que par la communauté des souffrances?

Toutefois, il y a de nombreuses exceptions, trop nombreuses, Dieu merci! pour que je puisse citer tous les exemples de concorde et de paix sociale donnés par l'industrie française, depuis ces mondes qu'on appelle le Creusot et Baccarat, jusqu'aux établissements plus modestes dont les noms sont présents à tous les esprits.

Le jour où, s'appuyant sur le renouvellement du pacte national, le représentant de la tradition monarchique entreprendra cette œuvre de réconciliation, il sait qu'il ne fera pas inutilement appel au patriotisme de tous ceux qui composent le grand peuple de France.

Ce jour-là; nous nous inspirerons tous des paroles qui ont changé la face du monde, il y a dix-neuf siècles. Nous nous souviendrons que notre premier devoir est de souhaiter la « paix sur la terre aux hommes de bonne volonté! »

On consultera également avec profit les documents et ouvrages suivants :

MONSIEUR LE COMTE DE CHAMBORD

Correspondance. Genève, impr. Grosset et Trembley, 4, rue Corraterie.

MONSIEUR LE COMTE DE PARIS

Les associations ouvrières en Angleterre (Trades-Unions). In-12, VIII-331 p. Paris, Germer-Baillière, 1869.

De la situation des ouvriers en Angleterre. Mémoire présenté à la Commission d'enquête de l'Assemblée nationale sur les conditions du travail. In-8°. Paris, Lévy frères, 1873.

Une liberté nécessaire. Le droit à l'association. In-8°, 49 p. Paris, Librairie nouvelle, 1894.

S. S. LÉON XIII

De la condition des ouvriers. Lettre encyclique (*Rerum novarum,* 15 mai 1891). Texte latin et traduction française officielle. In-8°, 64 p. Paris, impr. Levé; libr. Poussielgue.

HAUSSONVILLE (Comte d'). — Le Comte de Paris. Souvenirs personnels. Paris, in-8°, 75 p. Librairie nouvelle, 3, rue Auber, 1895.

LE COUR GRANDMAISON. L'œuvre sociale de Monseigneur le Comte de Paris. Extraits du *Moniteur universel*, du 4 au 10 septembre 1895. Paris, in-8°, 90 p. Impr. Mouillot, 13, quai Voltaire, 1895.

III

BIBLIOGRAPHIE

La Propriété.

LORGERIL (Vicomte DE). La propriété foncière en face de l'abandon de la culture par les populations rurales. In-8, 37 p. Saint-Brieuc, impr. et libr. Prud'homme, 1886.

LUÇAY (Comte DE). Les dégrèvements d'impôts. La nouvelle évaluation des propriétés bâties. Rapports à la Société des agriculteurs de France. In-8, 20 p. Paris, imp. Noizette, 1890.

— L'impôt sur le revenu et l'agriculture. Rapport à la Société des agriculteurs de France. In-8, 16 p. Paris, impr. Noizette, 1887.

PRADELLE (G. DE). L'égalité devant l'impôt et les Conseils généraux, suivi d'une lettre sur la question, aux électeurs du canton de Saint-Genis (Charente-Inférieure), par le marquis de Dampierre, président de la Société des agriculteurs de France. In-18, 36 p. Paris, impr. Chaix ; Librairie nationale, 1886.

RAMEAU DE SAINT-PÈRE. Histoire et régime de la propriété foncière en Europe. In-8°, 15 p. Paris, Imprimerie nationale, 1886.

Agriculture. Crédit agricole.

BAUDRILLART (H.). Les populations agricoles de la France. Normandie, Bretagne, passé et présent, mœurs, coutumes, instruction, population, famille, valeur et division des terres, fermage et métayage, ouvriers ruraux, salaires, nourriture, habitation. In-8, 642 p. Paris, impr. Lahure ; libr. Hachette et Cie, 1885.

BOUCARD (H.). Décadence de la propriété boisée et souffrance des populations forestières. In-8, 36 p. Paris, impr. Schlæber, 1891.

COUBERTIN (P. DE). Quelques mots sur la crise agricole. In-32, 23 p. Versailles, impr. Cerf et fils, 1886.

COUTEAUX (ARISTIDE). La crise agricole. In-8, 46 p. Paris, impr. Symonds, 1886.

DURAND (L.). Le crédit agricole en France et à l'étranger. In-8, xII-788 p. Paris, Chevalier-Marescq, 1891.

GOSSIN (C.). L'agriculture et les élections. In-16, 15 p. Paris, impr. Mouillot, 1885.

GROUALLE (V.). La crise agricole. Discours prononcé le 11 février 1885 à l'assemblée générale de la Société des agriculteurs de France. In-8, 28 p. Paris, impr. Noizette ; au siège de la Société des agriculteurs de France.

JOSSEAU (J.-B.). Rapport sur le crédit agricole fait au nom d'une commission spéciale sur la demande de M. Méline, ministre de l'agriculture (25 mars 1881). In-8, 56 p. Paris, impr. veuve Tremblay.

LALONDE (A.-P. DE). Le crédit agricole et la loi du 19 février 1889. In-8, 24 p. Bernay, impr. Mlles Lefèvre, 1889.

LEGRAND (ARTHUR). Le crédit agricole. In-8, 36 p. Paris, impr. Hennuyer, et aux bureaux de la *Revue britannique* (1er mai 1886).

MAUDUIT (L.). La crise de l'agriculture et des moyens de l'atténuer. In-8, 32 p. et pl. Châteauroux, impr. Aupetit ; Paris, libr. Michelet, 1885.

MAUGER (C.). La crise agricole conjurée. In-8, 16 p. Rouen, impr. Mégard et Cie, 1886.

PONCINS (DE). L'agriculture en France au 17 mars 1885. Discours prononcé au Comice de Feurs. In-8, 15 p. Saint-Etienne, impr. Théolier et Cie, 1886.

POUYER-QUERTIER. Conférence agricole de Gisors (28 décembre 1884). In-16, 63 p. Rouen, impr. Lapierre, 1885.

— Crise agricole. Discours prononcé dans la séance de la Société des agriculteurs de France du 21 novembre 1884. In-8. Paris, impr. Noizette; au siège de la Société, 1885.

RESNES (E. DE). La crise agricole. Conférences faites à Beaumetz-les-Loges le 18 janvier 1885, et à Bapaume le 15 mars 1885. In-18, 38 p. Arras, imp. Laroche, 1885.

TRÉSOR DE LA ROCQUE (LE). Production agricole et industrielle de la France. Le marché intérieur et le marché extérieur. In-8, 43 p. Paris, impr. Noizette.

— Les auteurs de la crise agricole. Discours prononcé le 10 février 1885 devant l'assemblée générale de la Société des agriculteurs de France. In-8, 32 p. Laon, impr. Cortillot, 1885

Périodiques.

ARTHUIS (L.). Le crédit agricole devant le Parlement. *Réforme sociale*, 1er juillet 1891.

BAUDRILLART (HENRI). Le crédit agricole. Les nouvelles formules. *Revue des Deux Mondes*, 1er juillet 1891.

BLED (V. DU). Le crédit agricole. *Revue des Deux Mondes*, 1er septembre 1887.

DRIARD. Les caisses d'épargne et le crédit agricole. *Correspondant*, 10 juillet 1889.

Le crédit et les banques agricoles chez nos voisins. *Economiste français*, 12 décembre 1885.

Les caisses rurales et les banques italiennes. *Union économique*, octobre 1886.

Les banques agricoles. *Union économique*, novembre 1886.

Les banques agricoles et les associations de grands propriétaires fermiers. *Economiste français*, 5 mai 1888.

Le crédit agricole devant le Parlement. Rapport présenté à la réunion annuelle par M. Etcheverry, député des Basses-Pyrénées, et discussion à laquelle ont pris part MM. Velche, le R. P. Ludovic de Besse, Delbet, Fournier de Flaix, Cheysson, A. T'Kint de Roodenbeke, Clément Juglar, de Moly et Rousseau. *Réforme sociale*, 16 août et 1er septembre 1891.

Syndicats agricoles.

ALIX (J.-E.). Agriculture. Des syndicats obligatoires ou moyens d'accélérer les améliorations agricoles. In-8, 9 p. Toulouse, impr. Savy, 1896.

BLED (V. DU). Les syndicats professionnels et agricoles. Le crédit agricole. Petit in-12, 72 p. Poitiers, impr. Oudin; Paris, libr. Guillaumin et Cie, 1888.

BOULLAIRE (J.). Manuel des syndicats professionnels agricoles comprenant le texte et le commentaire de la loi du 21 mars 1884 et la circulaire du ministre de l'intérieur du 25 août 1884, suivi d'un formulaire à l'usage spécial des syndicats agricoles, par P. Le Conte. In-18 jésus, 331 p. Paris, impr. Plon, Nourrit et Cie; libr. Chevalier-Maresq, 1888.

DEUSY (E.). Les syndicats et l'union des syndicats agricoles, leur but, leur fonctionnement, leurs résultats et leurs ennemis. Discours prononcé au concours et banquet du syndicat agricole du canton de Desvres, le 11 juillet 1886, par M. E. Deusy, vice-président de l'Union des syndicats des agriculteurs de France. In-8, 14 p. Boulogne-sur-Mer, impr. Delahodde, 1887.

HAUTEFEUILLE (L.). Annuaire des syndicats agricoles et de l'agriculture française pour l'année 1891 (2e année). In-16, XII-2, 188 p. Corbeil, impr. Crété; Paris, à l'Administration, 177, rue de Vaugirard.

MÉNARD fils. De l'association professionnelle et de son application aux agriculteurs. In-8, 36 p. Paris, impr. Mellinet et Cie, 1886.

Syndicats professionnels. — Syndicats mixtes.

BOULLAY (CH). Code des syndicats professionnels. Commentaire de la loi du 21 mars 1884 contenant un aperçu historique des associations, des notes explicatives sur chaque article de la loi, des solutions pour les difficultés déjà soulevées ou éventuelles et des formules. In-18 jésus, VI-272 p. Chaumont, impr. Cavaniol; Paris, libr. Pedone-Lauriel, 1887.

BRUNOT (CH.). Commentaire de la loi sur les syndicats professionnels. In-8, 486 p. Nancy et Paris, impr. et libr. Berger-Levrault et Cᵢᵉ, 1885.

CÉSAR-BRU (C.). Les syndicats professionnels et leur personnalité civile d'après la loi du 21 mars 1884. In-8, 104 p. Toulouse, impr. Chauvin; Paris, libr. Thorin, 1891.

GUISE (J.-B.). La corporation chrétienne des tisseurs lyonnais Rapport aux réunions des Unions de la paix sociale. *Réforme sociale.*

HUBERT-VALLEROUX. Les corporations d'arts et métiers et les syndicats professionnels en France et à l'étranger. In-8, XXI-423 p. Corbeil, impr. Crété; Paris, libr. Guillaumin et Cᵢᵉ, 1885.

JAY (R.). La personnalité civile des syndicats professionnels. In-8, 32 p. Grenoble, impr. et libr. Devet, 1888.

LEDRU et WORMS. Commentaire de la loi sur les syndicats professionnels du 21 mars 1884, avec une préface de M. Tolain. In-12, LXV-436 p. Paris, Larose et Forcel, 1885.

LEVASNIER (GABRIEL). Du rétablissement des corporations ouvrières. In-32, 127 p. Poitiers et Paris, Oudin, 1878.

MESCHIN (E.). Des syndicats professionnels. Discours prononcé à la séance solennelle de rentrée des conférences des avocats stagiaires le 22 janvier 1887. Poitiers, impr. Blais, Roy et Cᵢᵉ, 1887.

REINAUD (E.). Les syndicats professionnels, leur rôle historique et économique avant et depuis la reconnaissance légale, la loi du 21 mars 1884. In-18 jésus, VIII-267 p. Saint-Denis, impr. Lambert; Paris, libr. Guillaumin et Cᵢᵉ, 1886.

Congrès des directeurs et protecteurs des associations ouvrières et catholiques, tenu à Sainte-Anne d'Auray. In-8, XVI-157 p. Toulouse, impr. catholique Saint-Cyprien; Paris, au Secrétariat général, 32, rue de Verneuil, 1891.

Périodiques.

La liberté du travail et la loi sur les syndicats professionnels. *Economiste français*, 7 février 1891.

BÉCHAUX (A.). Questions ouvrières. Solutions acquises. Le syndicat mixte. *Correspondant*, 25 juillet 1891.

MICHEL (GEORGES). Le développement des syndicats professionnels et ses conséquences. *Economiste français*, 25 juillet 1891.

LA-TOUR-DU-PIN (Marquis DE). Article dans la *Jeunesse royaliste* du 1ᵉʳ août 1895.

PARSEVAL (DE). Article dans la *Jeunesse royaliste* du 1ᵉʳ mars 1896.

Institutions de prévoyance. — Caisses d'épargne,
Sociétés de secours mutuels. —Caisses de retraites.

CERF (C.), secrétaire général de la Société de protection mutuelle des voyageurs de commerce. Prévoyance et mutualité. In-8, 140 p. Paris, Guillaumin et Cie.

BUBROUSSET (J.-M.). Notice sur les Prévoyants de l'avenir, société civile de retraites, par J.-M. Dubrousset, trésorier des Prévoyants de l'avenir, à Vaux-Jalogny (Saône-et-Loire). In-12, 32 p. Cluny, impr. Denoule, 1886.

GRUNER (E.). Les lois nouvelles d'assistance ouvrière en Allemagne, Autriche et Suisse, par E. Gruner, ingénieur civil des mines. In-8, 43 p. Paris, imp. et libr. Chaix, 1887.

LAFITTE (P. DE). Essai d'une théorie rationnelle des sociétés de secours mutuels. Paris, Gauthier-Villars, 1890.

MARTINET (A.). Les sociétés de secours mutuels et les assurances ouvrières. In-8, VII-313 p. Paris, Berger-Levrault, 1891.

ROSTAND (E.). La réforme des caisses d'épargne françaises. In-8, CVII-242 p. Paris, Guillaumin, 1891.

— Une visite à quelques institutions de prévoyance en Italie. In-8, 292 p. Marseille, impr. du *Journal de Marseille*; Paris, libr. Guillaumin, 1891.

SÉRULLAZ (G.). Les sociétés de secours mutuels et la question des retraites : histoire, législation, jurisprudence In-8, VI-418 p. Lyon, Cote, 1890.

VILLARD (A.). Les sociétés de secours mutuels. Législations comparées. In-8, 93 p. Nîmes, impr. Chastagnier; Paris, Guillaumin et Cie, 1889.

Périodiques.

CAMP (MAXIME DU). Les associations protestantes à Paris. *Revue des Deux-Mondes*, 1er juin 1887, 15 juillet 1887.

CARRON (G.) Les caisses d'épargne en France, ordinaires et postales. *Correspondant*, 10 juin 1891.

CHAMP (G. DU). Une société de secours mutuels de femmes à Tarare. *Réforme sociale*, 15 janvier 1887.

GUYBERT (G.). Organisation des caisses d'épargne en Belgique. *Annales de l'Ecole des sciences politiques*, octobre 1889.

LEROY-BEAULIEU (PAUL). Le projet gouvernemental d'assurances ouvrières. *Economiste français*, 4 juillet 1891.

NOAILLES (Duc DE). Les retraites ouvrières et les syndicats. *Revue des Deux-Mondes*, 1er octobre 1891.

ROSTAND (EUGÈNE). L'influence de la réforme des caisses d'épargne quant à leur rôle commè centres d'initiative et d'action sociale. *Réforme sociale*, 16 juillet, 1ᵉʳ août 1891.

VILLENOISY (Le général DE). Les sociétés de secours mutuels de l'Isère. *Nouvelle Revue*, 15 février 1891.

Les associations populaires allemandes sous l'empire de la nouvelle loi. *Economiste français*, 29 mars 1890.

La réforme des sociétés de secours mutuels. *Economiste français*, 24 novembre 1888.

Une nouvelle législation sur les sociétés de secours mutuels. *Economiste français*, 8 décembre 1888.

La situation présente des sociétés de secours mutuels. *Economiste français*, 10 août 1889.

Les retraites ouvrières. Examen du projet de loi de M. Constans. *Réforme sociale*, 16 juillet, 1ᵉʳ août 1891.

L'assurance obligatoire des ouvriers contre les infirmités et la vieillesse, *Economiste français*, 1ᵉʳ décembre 1888.

Sociétés coopératives.

BRELAY (E.). La coopération. Les sociétés de consommation. In-8, 8 p. Nancy, impr. Berger-Levrault, 1887.

— Les sociétés coopératives de production. In-8, 24 p. Nancy et Paris, Berger-Levrault, 1888.

— La coopération. Angleterre. In-8, 12 p. Nancy, impr. Berger-Levrault et Cⁱᵉ, 1888.

GIDE (C.). De la coopération. Discours d'ouverture au congrès international des sociétés coopératives (septembre 1889). In-8. Paris, Larose et Forcel.

HUBERT-VALLEROUX. Les associations coopératives en France et l'étranger. In-8, x-470 p. Paris, libr. Guillaumin et Cⁱᵉ, 1884.

— Les diverses législations de l'Europe concernant les sociétés coopératives. In-8, 51 p. Paris, Pichon, 1891.

RABBENO (Ugo). Le mouvement coopératif aux Etats-Unis. Traduction de Ch. Gide. In-8, 83 p. Bar-le-Duc, impr. Contant-Laguerre; Paris, libr. Larose et Forcel, 1888.

Périodiques.

BRELAY (Ernest). La coopération en Allemagne. Le 31ᵉ congrès allemand. Le problème du crédit agricole ; les sociétés de production et de commerce ; les sociétés de consommation ; les sociétés coopératives de construction. *Economiste français*, 9 mai 1891.

DEMOLINS. La chute du régime coopératif et les conditions nouvelles de la petite industrie. *Science sociale*, octobre 1890.

GIDE (Ch.). De la coopération et des transformations qu'elle est appelée à réaliser dans l'ordre économique. *Revue d'économie politique*, n° 5, 1889.

HAUSSONVILLE (Comte d'). La coopération et la participation aux bénéfices. La charité *Revue des Deux-Mondes*, 15 décembre 1885.

HUBERT-VALLEROUX. Sociétés coopératives et banques populaires. *Revue catholique des institutions*, février 1890.

ROUVIERS (P. de). Les régimes de communautés chez les populations agglomérées. *Science sociale*, janvier 1886.

TOULAN et JACQUIN. Les économats et les sociétés coopératives dans les Compagnies de chemins de fer. *Réforme sociale*, 15 janvier 1888.

La coopération en France. *Economiste français*, 13 novembre 1886.

La coopération à l'étranger. *Economiste français*, 4 décembre 1886.

La coopération en Suisse. *Economiste français*, 9 juillet 1887.

Les congrès coopératifs en 1887. *Economiste français*, 22 octobre 1887.

Les sociétés coopératives et les syndicats. *Economiste français*, 25 février 1888.

Le nouveau projet de loi sur les sociétés coopératives de production. *Economiste français*, 17 novembre 1888.

Les associations de construction aux Etats-Unis. *Economiste français*, 16 février 1889.

La Société de consommation de Roubaix. *Economiste français*, 10 août 1889.

Les grands magasins et la coopération devant la loi du 17 juillet 1889. *Economiste français*, 12 octobre 1889.

La boulangerie coopérative de Roubaix et la société coopérative de Condé. *Economiste français*, 22 février 1890.

La coopération au congrès de Marseille. *Economiste français*, 21 février 1891.

La coopération en Angleterre. *Economiste français*, 21 mars 1891.

La boucherie coopérative en Angleterre et en Autriche. *Union économique*, juin 1886.

Logements ouvriers et sociétés coopératives. *Réforme sociale*, 1er juillet 1886.

Participation aux bénéfices.

BLOCK (M.). Les facteurs de la production et la participation de l'ouvrier aux bénéfices de l'entrepreneur. In-8, 34 p. Orléans, impr. Girardot; Paris, libr. Guillaumin et Cie, 1886.

BOHMERT (V.). La participation aux bénéfices. Etude pratique sur ce mode de rémunération du travail. Traduit de l'allemand par Alb. Trombert; préface de Ch. Robert. In-8, xxviii-752 p. Paris; impr. et libr. Chaix; Guillaumin, 1888.

BOURLIER (J.). La participation des ouvriers aux bénéfices des patrons In-18, 32 p. Châlons, impr. du *Libéral;* Paris, libr. Frison, 1888.

CHAIX (A.). La participation aux bénéfices. In-8, x p. et tableau. Paris, imp. Chaix; 4, rue Antoine-Dubois, 1885.

CROUZEL (A.). La participation des ouvriers aux bénéfices de l'entreprise considérée au point de vue du droit. In-8, 26 p. Toulouse, impr. Chauvin et fils; Paris, libr. Thorin, 1886.

HAUSSONVILLE (Comte d'). Misère et remèdes. (Passim) In-8, 558 p. Paris, libr. Calmann-Lévy, 1886.

ROBERT (Ch.). La participation aux bénéfices. In-8, 71 p. Paris, Imprimerie nationale, 1890.

— Revue de la participation aux bénéfices.

— Le contrat des participations aux bénéfices, son caractère et ses résultats. In-8, 87 p. Le Havre, impr. du Commerce, 1890.

Enquête extra-parlementaire. (Passim.)

Périodiques.

BOILLEZ (P.). La participation aux bénéfices. *Revue socialiste,* février 1888.

BRELAY (Ernest). La participation et le malentendu social en France. *Réforme sociale,* 16 août et 1er septembre 1891.

RAFFALOVICH (Mlle). La participation aux bénéfices. *Journal des Economistes,* octobre 1889.

SCHMOLLER (G.). La participation aux bénéfices. *Revue d'économie politique,* février 1891.

VILLIERS DE L'ISLE ADAM (A. de). La participation aux bénéfices. Le crédit agricole. *Revue catholique des institutions,* février 1890.

La participation des employés et ouvriers aux bénéfices des patrons et entrepreneurs *Economiste français,* 27 octobre 1888.

Assistance publique.

CHEYSSON (E.). L'assistance rurale et le groupement des communes. *Réforme sociale,* 15 septembre 1886.

GRANIER (C.). Essai de bibliographie charitable. In-8, 850 p. Clermont-Ferrand, impr. Mont-Louis; Paris, libr. Guillaumin et Cie, 1891.

HAUSSONVILLE (Comte d'). Misère et remèdes. In-8, 552 p. Paris, Librairie nouvelle, 1892.

— Socialisme et charité. In-8, 500 p. Paris, Librairie nouvelle, 1895.

HUBERT-VALLEROUX. L'assistance publique et privée en 1799 et 1889. *Reforme sociale,* 16 mai 1889.

— Des empêchements mis par l'Etat à l'exercice de la charité privée. *Réforme sociale,* 1er septembre 1889.

LALLEMAND (L). L'introduction de la charité légale en France. *Réforme sociale*, 1er janvier 1891.

LEROY-BEAULIEU (Paul). L'Etat et l'assistance publique. *Revue des Deux-Mondes*, 16 janvier 1889.

WARNER. L'organisation de la charité aux Etats-Unis, *Réforme sociale*, 15 janvier 1888.

La charité privée et les entraves administratives. *Economiste français*, 9 février 1889.

L'assistance publique aux Etats-Unis. *Economiste français*, 26 octobre 1889.

L'assistance publique et l'assistance privée. *Economiste français*, 16 novembre 1889.

L'assistance publique en Allemagne. *Economiste français*, 7 septembre, 1889.

La charité officielle et les bureaux de bienfaisance. *Economiste français*, 12 janvier 1889 et 8 décembre 1889.

Questions ouvrières. — Accidents. — Salaires. — Logements.

Association de l'industrie française fondée pour la défense du travail national. Vœux émis par l'assemblée générale. Discours de MM. Aclocque, Feray, Pouyer-Quertier. In-8, 27 p. Paris, impr. Blot, 1885.

AUCOC (L.). Des limites de l'intervention de l'Etat dans la question ouvrière. In-8, 16 p. Orléans, impr. Girardot; Paris, libr. Picard, 1886.

BELLOM (M.). De l'état actuel de la législation étrangère relative à la réglementation du travail des adultes, des femmes et des enfants. In-8, 71 p. et pl. Bar-le-Duc, impr. Contant-Laguerre, 1890.

— Etude de la législation allemande en matière d'assurance contre la maladie, d'après le projet de loi du 22 novembre 1890. In-8, 63 p. Bar-le-Duc, impr. Contant-Laguerre, 1891.

— Etude des établissements d'assurance contre les accidents institués en Autriche par la loi du 28 décembre 1887. In-8, 86 p. et tableaux. Bar-le-Duc, impr. Contant-Laguerre, 1891. (Extrait du Bulletin du Comité permanent du congrès des accidents du travail. Paris, 20, rue Louis-le-Grand.)

BILLOT. Les conditions du travail en Italie. Rapport. In-8, 53 p. Nancy, impr. Berger-Levrault; Paris, même maison, 1891.

BLANC (H.). Les ouvriers ont-ils été victimes de la Révolution ? In-18, 31 p. Nevers, impr. Mazeron frères, 1889.

BOURÉE (A.). Les conditions du travail en Belgique. Rapport adressé au ministre des affaires étrangères. In-8, 31 p. Nancy et Paris, impr. Berger-Levrault, 1891.

BOYLESVE S. J. (Le P. MARIN DE). La question ouvrière. Programme d'action. Les droits de Dieu et nos devoirs. In-8, 106 p. Bourges, impr. Pigelet; Paris, libr. Haton.

BRELAY (E.). Les chevaliers du travail. In-8, 56 p. Nancy, imp. Berger-Levrault; Paris, Guillaumin, 1891.

CAUBET (L.)., consul général de France à Londres. Les conditions du travail dans le royaume-uni de la Grande-Bretagne et d'Irlande Rapport adressé au ministre des affaires étrangères. Grand in-8, 135 p. Nancy et Paris, Berger-Levrault et Cie.

CHESNELONG. Des rapports de la propriété et du travail. Discours prononcé à la 16e assemblée générale des catholiques le 10 ma 1887. In 8, 52 p. Paris, Impr. Levé, 1887.

DELAIRE (A.). Les logements d'ouvriers et le devoir des classes dirigeantes. In-8, 35 p. Lyon, impr. et libr. Vitte et Perrussel,1886.

DESPLACES (H.). La législation du travail en France et la conférence internationale de Berlin. Discours. In-8, 57 p. Marseille, impr. Barlatier et Barthelet, 1891.

DESPORTES (FERNAND). La question sociale et les syndicats ouvriers. In-32, 122 p. Paris, Dentu, 1876.

DOUILLARD (LUCIEN). Entrepreneurs et ouvriers. Etude sur l'amélioration du sort de la classe ouvrière. In-8, 40 p. Paris, Plon, 1877.

DUCARRE, Rapport sur les conditions du travail en France fait à l'Assemblée nationale au nom de la commission d'enquête parlementaire (2 août 1875). In-8, vi-342 p. Paris, Guillaumin, 1877.

GAUTIER (ALFRED). Etude économique sur les coalitions et sur les grèves. In-8, 154 p. Paris, impr. Moquet, 1886.

GAUTIER (LÉON). Histoire des corporations ouvrières. In-32. 128 p. Paris, Société bibliographique, 1877:

GAUTHIER (J.-B.). Le travail ancien et le travail moderne. Anciennes corporations. Livre des métiers. Compagnonnage. Rétribution du travail. Syndicats professionnels. 1 in-12, 90 p. Paris, Chaix, 1884.

GIBON (A,). Le patrimoine de l'ouvrier. In-8, 31 p. Montluçon, impr. Prot; Paris, libr. Guillaumin et Cie, 1885.

— Les accidents du travail et l'industrie. In-4, 250 p. Paris, Guillaumin, 1890.

GLASSON. Le Code civil et la question ouvrière. In-8, 72 p. Orléans, impr. Girardot; Paris, libr. Pichon; Picard, 1886.

GOUTTES (F.). Modifications à apporter à la loi sur la durée effective du travail journalier des adultes. Journée de huit heures. In-16. 15 p. Limoges. impr. Herbin, 1891.

GRUNER (E.), ingénieur civil des mines. Charges probables résultant des projets de loi d'assurances contre les accidents. In-4, 48 p. Paris, Guillaumin et Cie.

HERVÉ (ÉDOUARD). Conférence faite le 14 septembre 1885 sur la suppression des octrois et la question des petits logements. In-18, 32 p. Paris, impr. Lapirot et Boullay; au bureau du *Soleil*, 1885.

LAURENS DE LA BARRE (G. DU). La journée de huit heures. Lois existantes. Renseignements pratiques. Brochure in-8, 23 p. Paris, Marescq jeune, 1891.

LAVOLLÉE (RENÉ). Les classes ouvrières en Europe. Etudes sur leur situation matérielle et morale. 2 vol. in-8. T. I (Allemagne, Pays-Bas, Etats scandinaves, Russie), VII-566 p. avec tableaux ; t. II (Suisse, Belgique, Autriche-Hongrie, Italie, Espagne, Portugal), 604 p. avec tableaux. Coulommiers, impr. Brodard et Cie; Paris, libr. Guillaumin et Cie, 1884.

— Le dimanche et les chemins de fer. In-8, 24 p. impr. de Soye, 1889.

LE PLAY (F.). L'organisation du travail selon la coutume des ateliers et la loi du Décalogue. 5e édition. In-18, 551 p. Paris, Dentu, 1889.

LOESEVITZ La législation du travail considérée au point de vue des intérêts de l'industrie nationale. In-8, 148 p. Bar-le-Duc, impr. Schorderet et Cie; Paris, aux bureaux de l'Association catholique, 1886.

MAROUSSEM (P. DU). La question ouvrière (charpentiers de Paris, compagnons et indépendants). Cours libre professé à la Faculté de droit de Paris, par P. du Maroussem, docteur en droit ; préface de M. Th. Funck-Brentano. In-8, 298 p. Saint-Dizier (Haute-Marne), impr. Saint-Aubin et Thévenot; Paris, libr. Rousseau, 1891.

MARPAUX (A.). Le droit au travail. Etude sur la journée de huit heures. 2e édition In-8, 32 p. Dijon, impr. Carré, 1891.

MUN (Comte A. DE). Discours au banquet de Saint-Mandé le 21 février 1886. In-12, 20 p. Bar-le-Duc, impr. Schorderet et Cie; Paris, aux bureaux de l'Association catholique, 1886.

PLASMAN (DE). Les cités ouvrières et du projet de leur établissement à Paris. In-18, 36 p. Paris-Auteuil, impr. de l'abbé Roussel, 1879.

PLICHON (J.). La situation des ouvriers mineurs en France et à l'étranger. In-8, 76 p. Paris, Noizette, 1890.

ROUX (XAVIER). Les associations ouvrières. In-32, 127 p. Paris, Société bibliographique, 1876.

Des salaires et des grèves. In-16, 30 p. Paris, impr. Chaix ; Libr. nouvelle (Société des publications libérales), 1886.

Périodiques.

Du patronage dans les sociétés anonymes. Institutions de prévoyance de la Compagnie de Lyon. F. Rodarz. *Réforme sociale*, 1er juin 1886.

Les associations ouvrières. L'entreprise de travaux publics. *Economiste français*, 21 janvier 1888.

Les assurances ouvrières et la loi de répression en Allemagne. Ch. Grad. *Revue des Deux-Mondes*, 15 février 1888.

La liberté du travail et les grèves. Législation (1791-1888). A. Gibon. *Réforme sociale*, 1er mars 1888.

La situation des ouvriers en Autriche. *Réforme sociale*, 1er novembre 1888.

Les institutions patronales en Allemagne. *Economiste français*, 31 août 1889.

Le patronage social dans les Compagnies houillères. H. Guarz. *Réforme sociale*, 15 octobre 1889.

Ouvriers et patrons devant les tribunaux. *Economiste français*, 17 mars 1890.

Les institutions patronales dans les Compagnies de chemins de fer. Noblemaire. *Réforme sociale*, 16 juin 1890.

Une nouvelle phase de l'organisation des ouvriers en Angleterre. Lujo Brentano. *Revue d'économie politique*, juillet-août 1890.

Les institutions patronales en France contre le socialisme. G Picot. *Réforme sociale*, 1er juin 1890.

AVENEL (Georges d'). La journée de huit heures et le protectionnisme. *Revue des Deux-Mondes*, 1er juin 1891.

LEROY-BEAULIEU (Paul). Les unions internationales d'ouvriers Les grèves générales. *Economiste français*, 4 et 11 avril 1861.

De l'intervention de l'Etat dans la réglementation du travail. *Association catholique*, avril 1891.

BESSE (Le P. L. de). Les transformations de la banque populaire de Montparnasse. *Union économique*, janvier-avril 1886.

La patente de la banque populaire d'Angers. *Union économique*, janvier-avril 1886.

Le crédit populaire et les banques en Italie, *Union économique*, mai 1886.

Les assemblées générales des banques populaires. *Union économique*, mai 1886.

Deuxième congrès des banques populaires françaises (Associations coopératives de crédit), tenu à Menton du 14 au 17 avril 1890. Actes du congrès. In-8, 226 p. Paris, libr. du Crédit mutuel, 1891.

BARBERON. Rapport sur le projet de loi concernant la responsabilité des accidents dont les ouvriers sont victimes. In-8, 8 p. Bourges, impr. Sire, 1888.

BATTEUR (E.). De la nouvelle loi sur les accidents industriels. Conférence. In-8, 19 p. Lille, impr. Danel, 1889.

BRUNEAU (G.). Etude sur la responsabilité des patrons en matière d'accidents industriels. In-8, 36 p. Paris, impr. et libr. Chaix, 1887.

CANTAGREL (Simon). Note sur la législation des accidents et l'assistance ouvrière en Angleterre, en Belgique, en Italie et en France. In-8, 32 p. Paris, impr. et libr. Chaix, 1887.

CHAMPENOIS, président de la Chambre de commerce de Chambéry. De la responsabilité des accidents dont les ouvriers sont victimes. In-4, 9 p. Chambéry, Imprimerie nouvelle, 1889.

CHARLET (A.). Les maisons ouvrières à Rouen et à Lyon; la colonisation à Maurice et à Madagascar. In-8, 14 p. Paris impr. Levé; au secrétariat de la Société d'économie sociale, 174, boulevard Saint-Germain, 1887.

CORNET (C.). Des accidents professionnels et de la réparation du dommage par l'impôt-assurance. In-8, 47 p. Tours, impr. Deslis frères; Paris, libr. Larose et Forcel, 1887.

DELCAIRE (E). Les accidents industriels. In-8, 16 p. Paris, impr. Duval; 8, place de la Bourse, 1885.

DROZ (N.). Etat de la question des accidents du travail en France et à l'étranger. Rapport. In-8, 35 p. Paris, Baudry et Cie, 1889.

GAUTHIER (J.-B.), industriel. Les blessés du travail devant la société. In-8, 42 p. Paris, impr. et libr. Chaix, 1885.

GRUNER (E.). Congrès international des accidents du travail à l'Exposition universelle internationale de 1889. In-8. 477 p. Paris, Baudry, 1890.

PASSY (F.). Discours prononcé aux séances de la Chambre sur les projets de loi relatifs à la responsabilité des accidents dont les ouvriers sont victimes dans leur travail. In-32, 48 p. Paris, imp. des journaux officiels, 1888.

POAN DE SAPINCOURT. Examen critique des nouveaux projets de loi sur les accidents du travail. In-8, 66 p. Rouen, 1888, impr. Mme Deshays. (Extrait du Bulletin de la Société industrielle de Rouen, année 1887.)

RENOUARD (A.). La question des accidents du travail. Législations françaises; législations étrangères. Projets de réforme. Responsabilité des patrons et ouvriers. In-8, 72 p. Paris, impr. Levé; au secrétariat de la Société d'économie sociale, 174, boulevard Saint-Germain, 1886.

STAES (Prosper). Des accidents du travail. In-8, 59 p. Bruxelles, veuve Larcier, 1890.

THELLIER DE PONCHEVILLE. De la question ouvrière et des accidents du travail. Discours prononcé à l'assemblée des catholiques le 28 mai 1886. In-12, 18 p. Paris, impr. Levé; à la Société générale d'éducation et d'enseignement, 1886.

Economie politique et sociale.

BOUDIGNON (l'abbé). L'encyclique sur la question sociale, avec commentaire historique et littéral. Grand in-8, 145 p. Le Puy, 1891, impr. Prades-Freydier; Paris, libr. Lethielleux.

CAZAJEUX (J.). L'encyclique du pape Léon XIII sur la condition des ouvriers. *Réforme sociale*, 1ᵉʳ et 16 juin 1891.

OLLIVIER (ÉMILE). L'encyclique. *Correspondant*, 10 juin 1891.

PASCAL (Le R. P. G. DE). L'Eglise et la question sociale. Etude sur l'encyclique « de la condition des ouvriers », suivie de la traduction officielle de l'encyclique. In-16, 132 p. Mayenne, impr. Nézan ; Paris, libr. Lethielleux.

AYEN (Le duc D'). Revenu, salaire et capital. Leur solidarité. In-18, 152 p. Paris, Société bibliographique et Guillaumin, 1872.

AYMER DE LA CHEVALERIE (Comte). Système et ouvrages de Le Play. Les unions de la paix sociale. Brochure in-18, 45 p. Paris, Dentu, 1877.

BERNARD-LAVERGNE. Les réformes promises. Questions du jour. In-18, 149 p. Paris, Dentu, 1890.

BERT (E.). Les traités de commerce. Etude sur le régime douanier et le commerce international de la France de 1789 à 1890. In-8, 103 p. et pl. Paris, Steinheil, 1890.

BLANC (L'abbé ÉLIE), professeur de philosophie aux Facultés catholiques de Lyon. La question sociale. Principes les plus nécessaires et réformes les plus urgentes. Esquisse d'un programme électoral. In-8, 60 p. Lyon, impr. et libr. Vitte; Paris, libr. Lecoffre.

BLANQUI (A.). Critique sociale. 2 vol. in-18 jésus. T. I (capital et travail), x-276 p.; t. II (fragments et notes), 376 p. Tours, impr. Arrault et Cⁱᵉ, 1885.

BLOCK (M.). Les progrès de la science économique depuis Adam Smith Révision des doctrines économiques. In-8, xii-557 p. et vi-598 p. Paris, Guillaumin, 1890.

CAMPAGNOLE (E.). La démocratie représentative. Représentation proportionnelle de la majorité et des minorités. In-8, x-204 p. avec tableaux. Toulouse, impr. Chauvin et fils; Paris, libr. Pichon, 1885.

CHESNELONG C. et MUN (A. DE). La question sociale à l'assemblée des catholiques. Discours prononcés les 10 et 12 mai 1887, par M. C. Chesnelong, sénateur, président du Comité catholique de Paris, et M. le comte Albert de Mun, député, secrétaire général de l'Œuvre des cercles catholiques d'ouvriers. In-16, 64 p. Paris, imp. Levé, 5 juillet 1887.

CHEYSSON (E.). Le capital et le travail. Conférence faite le 26 juillet. 1885. In-8, 31 p. Paris, imp. et libr. Chaix, 1885.

DANTON (D.). Du capital et du travail appliqués à l'industrie et particulièrement aux mines. In-8, 31 p. Evreux, impr. Hérissey; Paris, libr. Baudry, 1888.

DELAIRE (A.). Les unions de la paix sociale, leur programme d'action et leur méthode d'enquête. (Publication de la Société d'économie sociale). 1 brochure in-32. Paris, boulevard Saint-Germain, 174.

Dictionnaire d'économie politique (Nouveau) sous la direction de M. Léon Say. Grand in-8 à 2 col. Corbeil, impr. Crété; Paris, libr. Guillaumin, 1891.

EICHTHAL (Eugène d'). Nationalisation du sol et collectivisme agraire. In-8, 44 p. Le Mans, imp. Monnoyer; Paris, 4, rue Antoine-Dubois. (Publication de la Société d'études économiques.)

ESTANCELIN. Le libre échange, voilà l'ennemi ! Discours prononcé à Hyères. In-8, 31 p. Toulon, impr. Costel, 1885.

FELIX S. J. (Le P.), Le charlatanisme social. 1 in-8, xII-420 p. Paris. Roger et Chernoviz, 1884.

FORBES (J.). Etudes de réformes sociales. Les formes nouvelles du patronage. In-8, 32 p. PARIS, impr. Dumoulin; libr. Josse-Ferroud, 1891.

FOY (A.). Essai sur les principes de l'économie politique. 2 in-8, v-452 p. et 410 p. Paris, Guillaumin, 1891.

FRANKLIN (B.). Essais de morale et d'économie politique. Traduit de l'anglais par Laboulaye. In-18 jésus, 352 p. Coulommiers, impr. Brodart et Gallois; Paris, libr. Hachette et Cie, 1888.

GUILLEMIN (J.). Les grands magasins, les petits boutiquiers et le prolétariat. Etude sociale. In-18, 16 p. Paris, impr. Guillemin; Librairie du prolétariat, 1891.

HAUSSONVILLE (Comte d'). Etudes sociales. Misère et remèdes, In-8, 556 p. Paris, libr. C Lévy; Librairie nouvelle, 1886.

— Socialisme d'Etat et socialisme chrétien *Revue des Deux-Mondes*, 15 juin 1890.

HERVÉ-BAZIN. Traité élémentaire d'économie politique, contenant l'étude de la législation économique et les statistiques officielles. 2e édition. In-18 jésus, 524 p. Angers, impr. Germain et Grassin; Paris, libr. Lecoffre, 1885.

HEURTAUX-VARSAVAUX (G.). La question sociale au Parlement français. (Extrait de la *Revue du Monde latin*, avril 1891.) In-8, 31 p. Laval, impr. Jamin.

HOWELL (G.). The conflicts of capital and labour, historically and economically considered, being an history and review of the Trade Unions of Great Britain. In-8, 572 p. London, Macmillan, 1891.

JANNET (Claudio). Le socialisme d'Etat et la réforme sociale. In-8, xvi-544 p. Paris, Plon et Cie, 1889.

— L'assurance obligatoire. In-8, 40 p. Paris, impr. de Soye et fils, 1888.

— Le capital, la spéculation et la finance au xixe siècle In-8, vi-607 p. Paris, Plon et Cie, 1892.

KANNENGIESER (l'abbé). Le socialisme et le rôle politique du clergé en Allemagne. In-8, 39 p. Paris impr. de Soye et fils. (Extrait du *Correspondant.)*

LEFÉBURE (L.). Le devoir social. In-18, 304 p. et pl. Paris, Perrin, 1890.

LE PLAY. Œuvres.) Les ouvriers européens. 6 in-8. — La réforme sociale en France. 3 in-18. — L'organisation du travail. 1 in-18. — L'organisation de la famille. 1 in-18. — La paix sociale après les désastres de 1871. 1 brochure in-18. — La correspondance sociale. 9 brochures in-18. — La constitution de l'Angleterre 3 in-18. — La réforme en Europe et le salut de la France. 1 in-18. — La constitution essentielle de l'humanité. 1 in-18. — La question sociale au XIXᵉ siècle. 1 brochure in-18. — L'école de la paix sociale. 1 brochure in-18. — Tours, Mame et Cⁱᵉ.

LEROY-BEAULIEU (P.). Précis d'économie politique. In-18 jésus, VII-410 p. Corbeil, impr. Crété ; Paris, libr. Delagrave, 1888.

LEVASSEUR. Histoire des classes ouvrières en France. 2 vol. in-8. Paris, Hachette.

MAHAIM (Ernest). La paix sociale. Exposé de l'éducation sociale et politique du peuple anglais au XIXᵉ siècle. In-8, 11 p. Bar-le-Duc, impr. Contant-Laguerre; Paris, libr. Larose et Forcel, 1891. (Extrait de la *Revue d'économie politique*, juillet 1891.)

MALON (B). Le socialisme réformiste. In-8, 32 p. Paris, impr. Décembre; aux bureaux de la *Revue socialiste*, 1885.

— Le socialisme intégral. In-8, 454 p. Paris, F. Alcan, 1890.

MILLET (René). La France provinciale. (Vie sociale, mœurs administratives.) 1 in-18, x-329 p. Paris, Hachette, 1888.

MONY (S.) Etude sur le travail, 2 in-8, 356 et 402 p. Paris, Hachette, 1881.

PAROD (E.). L'avenir du travailleur. Recherche de la stabilité politique. in-12, 134 p. Paris, Douniol, 1872.

PASCAL (Le P. de). Le collectivisme et ses docteurs. In-8, 61 p. Lyon, impr. et libr. Vitte, 1891.

POUYER-QUERTIER, sénateur, ancien ministre des finances. Conférence économique faite à Caen le lundi 3 août 1885. In-folio, à 4 col., 4 p. Caen, impr. veuve Domin, 1885.

SAY (Léon). Les solutions démocratiques de la question des impôts. Conférences faites à l'École des sciences politiques. In-18 jésus, 303 p. Corbeil, impr. Crété ; Paris, libr. Guillaumin et Cⁱᵉ, 1886.

L'action sociale des patronages, par un vétéran. In-8, 21 p. Paris, impr. Levé, 1891.

Les ouvriers des Deux Mondes. (Publication de la Société d'économie sociale.) 5 in-8. Paris, boulevard Saint-Germain, 174.

La paix. Etude de l'esprit politique et des idées économiques de quelques grands Etats modernes. In-8, 191 p. Lyon, impr. Plan, 1891.

Programme de gouvernement et d'organisation sociale d'après l'observation comparée des divers peuples, par un groupe d'économistes, avec une lettre-préface de Le Play. In-18, VIII-312 p. Paris, Société bibliographique, 1881

— 39 —

Périodiques.

BRUN (L). Le socialisme. *Revue catholique des institutions et du droit,* février 1891.

CASTELLANE (Marquis DE) Le quatrième état français. *Nouvelle Revue,* 1er trimestre 1891.

CHEYSSON. L'internationalisme dans les questions sociales. *Réforme sociale,* 1er et 16 octobre 1891.

DARESTE (PIERRE). La liberté d'association. *Revue des Deux-Mondes,* 15 octobre 1891.

DELALANDE. De la représentation des droits et des intérèts. *Association catholique,* 1891.

GUÉRIN (URBAIN.) L'église catholique et les institutions de la France. *Association catholique,* mars 1891.

JANNET (CLAUDIO). Le socialisme et les lois économiques. *Réforme sociale,* 16 mars 1891.

— Les faits économiques et le mouvement social. La finance contemporaine. *Correspondant,* 10 juillet 1891.

JOLY (HENRI). Etudes sur le socialisme chrétien. *Correspondant,* 1er et 2e trimestres 1891.

KAEMPFE (Dr). Les résultats du socialisme chrétien, le régime corporatif, l'antisémitisme *Réforme sociale,* 16 mars 1891.

LEROY-BEAULIEU (PAUL). Le mouvement social ou antisocial, les pouvoirs publics et la législation. *Economiste français,* 9 mai 1891.

— Le quatrième état et la résurrection des castes héréditaires. *Economiste français,* 6 juin 1891.

— Les folies du quatrième état. Les syndicats, les grèves et les pouvoirs publics. *Economiste français,* 18 juillet 1891.

SAINT-ROMAIN (H.). La politique de l'Église et les temps nouveaux. *Science sociale,* mars 1891.

La législation sociale au Parlement français. *Association catholique,* avril 1891.

TABLE DES MATIÈRES

Paris — Imprimerie G. Picquoin, 53, Rue de Lille.